目錄

掃一掃聽有聲經典

音頻二維碼

小學生必背一百首古詩詞

山村咏懷 邵雍

一去二三里，烟村四五家。
亭臺六七座，八九十枝花。

畫 王維

遠看山有色，近聽水無聲。
春去花還在，人來鳥不驚。

畫鷄　唐寅

頭上紅冠不用裁，滿身雪白走將來。
平生不敢輕言語，一叫千門萬户開。

游園不值　葉紹翁

應憐屐齒印蒼苔，小扣柴扉久不開。
春色滿園關不住，一枝紅杏出墻來。

敕勒歌　北朝民歌

敕勒川，陰山下。天似穹廬，籠蓋四野。
天蒼蒼，野茫茫，風吹草低見牛羊。

咏鵝 駱賓王

鵝·鵝·鵝·曲項向天歌·
白毛浮綠水·紅掌撥清波·

靜夜思 李白

床前明月光·疑是地上霜·
舉頭望明月·低頭思故鄉·

春曉 孟浩然

春眠不覺曉·處處聞啼鳥·
夜來風雨聲·花落知多少·

江南　漢樂府

江南可采蓮，蓮葉何田田。魚戲蓮葉間，魚戲蓮葉東，魚戲蓮葉西，魚戲蓮葉南，魚戲蓮葉北。

村居　高鼎

草長鶯飛二月天，拂堤楊柳醉春烟。
兒童散學歸來早，忙趁東風放紙鳶。

所見　袁枚

牧童騎黃牛，歌聲振林樾。
意欲捕鳴蟬，忽然閉口立。

小池　楊萬里

泉眼無聲惜細流，樹陰照水愛晴柔。
小荷才露尖尖角，早有蜻蜓立上頭。

贈劉景文　蘇軾

荷盡已無擎雨蓋，菊殘猶有傲霜枝。
一年好景君須記，正是橙黃橘綠時。

山行　杜牧

遠上寒山石徑斜，白雲生處有人家。
停車坐愛楓林晚，霜葉紅於二月花。

己亥雜詩　龔自珍

九州生氣恃風雷，萬馬齊喑究可哀。

我勸天公重抖擻，不拘一格降人才。

贈汪倫　李白

李白乘舟將欲行，忽聞岸上踏歌聲。

桃花潭水深千尺，不及汪倫送我情。

采薇（節選）　詩經

昔我往矣，楊柳依依。

今我來思，雨雪霏霏。

宿新市徐公店　楊萬里

籬落疏疏一徑深，樹頭花落未成陰。
兒童急走追黃蝶，飛入菜花無處尋。

望廬山瀑布　李白

日照香爐生紫烟，遥看瀑布挂前川。
飛流直下三千尺，疑是銀河落九天。

絶句　杜甫

兩個黃鸝鳴翠柳，一行白鷺上青天。
窗含西嶺千秋雪，門泊東吴萬里船。

夜書所見　葉紹翁

蕭蕭梧葉送寒聲，江上秋風動客情。
知有兒童挑促織，夜深籬落一燈明。

九月九日憶山東兄弟　王維

獨在異鄉爲異客，每逢佳節倍思親。
遥知兄弟登高處，遍插茱萸少一人。

望天門山　李白

天門中斷楚江開，碧水東流至此回。
兩岸青山相對出，孤帆一片日邊來。

飲湖上初晴後雨　蘇軾

水光瀲灧晴方好，山色空蒙雨亦奇。

欲把西湖比西子，淡妝濃抹總相宜。

詠柳　賀知章

碧玉妝成一樹高，萬條垂下綠絲絛。

不知細葉誰裁出，二月春風似剪刀。

春日　朱熹

勝日尋芳泗水濱，無邊光景一時新。

等閑識得東風面，萬紫千紅總是春。

乞巧　林杰

七夕今宵看碧霄，牽牛織女渡河橋。
家家乞巧望秋月，穿盡紅絲幾萬條。

嫦娥　李商隱

雲母屏風燭影深，長河漸落曉星沉。
嫦娥應悔偷靈藥，碧海青天夜夜心。

題西林壁　蘇軾

橫看成嶺側成峰，遠近高低各不同。
不識廬山真面目，祇緣身在此山中。

惠崇春江晚景　蘇軾

竹外桃花三兩枝，春江水暖鴨先知。
蔞蒿滿地蘆芽短，正是河豚欲上時。

黃鶴樓送孟浩然之廣陵　李白

故人西辭黃鶴樓，烟花三月下揚州。
孤帆遠影碧空盡，唯見長江天際流。

送元二使安西　王維

渭城朝雨浥輕塵，客舍青青柳色新。
勸君更盡一杯酒，西出陽關無故人。

獨坐敬亭山　李白

衆鳥高飛盡，孤雲獨去閑。
相看兩不厭，祇有敬亭山。

望洞庭　劉禹錫

湖光秋月兩相和，潭面無風鏡未磨。
遥望洞庭山水翠，白銀盤裏一青螺。

憶江南　白居易

江南好，風景舊曾諳。日出江花紅勝火，春
來江水緑如藍。能不憶江南。

鄉村四月　翁卷

綠遍山原白滿川·子規聲裏雨如烟·

鄉村四月閑人少·才了蠶桑又插田·

四時田園雜興（其一）　範成大

晝出耘田夜績麻·村莊兒女各當家·

童孫未解供耕織·也傍桑陰學種瓜·

漁歌子　張志和

西塞山前白鷺飛·桃花流水鱖魚肥·

青箬笠·綠蓑衣·斜風細雨不須歸·

泊船瓜洲　王安石

京口瓜洲一水間，鐘山衹隔數重山。
春風又緑江南岸，明月何時照我還。

秋思　張籍

洛陽城裏見秋風，欲作家書意萬重。
復恐匆匆説不盡，行人臨發又開封。

長相思　納蘭性德

山一程，水一程，身向榆關那畔行，夜深千帳燈。
風一更，雪一更，聒碎鄉心夢不成，故園無此聲。

牧童　吕岩

草鋪横野六七里，笛弄晚風三四聲。
歸來飽飯黄昏後，不脱蓑衣卧月明。

舟過安仁　楊萬里

一葉漁船兩小童，收篙停棹坐船中。
怪生無雨都張傘，不是遮頭是使風。

夏日絶句　李清照

生當作人杰，死亦爲鬼雄。
至今思項羽，不肯過江東。

三衢道中　曾幾

梅子黄時日日晴，小溪泛盡却山行。
緑陰不減來時路，添得黄鸝四五聲。

示兒　陸游

死去元知萬事空，但悲不見九州同。
王師北定中原日，家祭無忘告乃翁。

秋夜將曉出籬門迎凉有感（其二）　陸游

三萬里河東入海，五千仞岳上摩天。
遺民泪盡胡塵里，南望王師又一年。

天淨沙·秋 白樸

孤村落日殘霞。輕烟老樹寒鴉。
一點飛鴻影下。
青山綠水。白草紅葉黄花。

七步詩 曹植

煮豆持作羹。漉菽以爲汁。
萁在釜下燃。豆在釜中泣。
本自同根生。相煎何太急。

鳥鳴澗　王維

人閑桂花落，夜靜春山空。
月出驚山鳥，時鳴春澗中。

江畔獨步尋花　杜甫

黄四娘家花滿蹊，千朵萬朵壓枝低。
留連戲蝶時時舞，自在嬌鶯恰恰啼。

石灰吟　于謙

千錘萬鑿出深山，烈火焚燒若等閑。
粉骨碎身全不怕，要留清白在人間。

竹石　鄭燮

咬定青山不放松，立根原在破岩中。
千磨萬擊還堅勁，任爾東西南北風。

四時田園雜興（其二）　範成大

梅子金黄杏子肥，麦花雪白菜花稀。
日長籬落無人過，惟有蜻蜓蛺蝶飛。

曉出淨慈寺送林子方　楊萬里

畢竟西湖六月中，風光不與四時同。
接天蓮葉無窮碧，映日荷花別樣紅。

觀書有感 朱熹

半畝方塘一鑒開，天光雲影共徘徊。
問渠哪得清如許，爲有源頭活水來。

題臨安邸 林升

山外青山樓外樓，西湖歌舞幾時休。
暖風熏得游人醉，直把杭州作汴州。

風 李嶠

解落三秋葉，能開二月花。
過江千尺浪，入竹萬竿斜。

涼州詞　王之渙

黃河遠上白雲間。一片孤城萬仞山。
羌笛何須怨楊柳。春風不度玉門關。

登鸛雀樓　王之渙

白日依山盡。黃河入海流。
欲窮千里目。更上一層樓。

涼州詞　王翰

葡萄美酒夜光杯。欲飲琵琶馬上催。
醉臥沙場君莫笑。古來征戰幾人回。

出塞　王昌齡

秦時明月漢時關．萬里長征人未還．
但使龍城飛將在．不教胡馬度陰山．

芙蓉樓送辛漸　王昌齡

寒雨連江夜入吴．平明送客楚山孤．
洛陽親友如相問．一片冰心在玉壺．

鹿柴　王維

空山不見人．但聞人語響．
返景入深林．復照青苔上．

墨梅　王冕

吾家洗硯池頭樹，個個花開淡墨痕。
不要人誇好顏色，衹留清氣滿乾坤。

早發白帝城　李白

朝辭白帝彩雲間，千里江陵一日還。
兩岸猿聲啼不住，輕舟已過萬重山。

別董大　高適

千里黃雲白日曛，北風吹雁雪紛紛。
莫愁前路無知己，天下誰人不識君。

絶句　杜甫

遲日江山麗，春風花草香。
泥融飛燕子，沙暖睡鴛鴦。

楓橋夜泊　張繼

月落烏啼霜滿天，江楓漁火對愁眠。
姑蘇城外寒山寺，夜半鐘聲到客船。

滁州西澗　韋應物

獨憐幽草澗邊生，上有黄鸝深樹鳴。
春潮帶雨晚來急，野渡無人舟自横。

游子吟　孟郊

慈母手中綫。游子身上衣。
臨行密密縫。意恐遲遲歸。
誰言寸草心。報得三春暉。

早春呈水部張十八員外　韓愈

天街小雨潤如酥。草色遥看近却無。
最是一年春好處。絶勝烟柳滿皇都。

塞下曲（其三）　盧綸

月黑雁飛高。單于夜遁逃。

欲將輕騎逐，大雪滿弓刀。

浪淘沙（其六） 劉禹錫

九曲黃河萬里沙，浪淘風簸自天涯。
如今直上銀河去，同到牽牛織女家。

池上 白居易

小娃撐小艇，偷采白蓮回。
不解藏蹤迹，浮萍一道開。

四時 陶淵明

春水滿四澤，夏雲多奇峰。

秋月揚明暉，冬嶺秀寒松。

小兒垂釣　胡令能

蓬頭稚子學垂綸，側坐莓苔草映身。
路人借問遙招手，怕得魚驚不應人。

憫農（其一）　李紳

鋤禾日當午，汗滴禾下土。
誰知盤中餐，粒粒皆辛苦。

憫農（其二）　李紳

春種一粒粟，秋收萬顆子。

四海無閑田，農夫猶餓死。

江雪　柳宗元

千山鳥飛絶，萬徑人踪滅。
孤舟蓑笠翁，獨釣寒江雪。

尋隱者不遇　賈島

松下問童子，言師采藥去。
祇在此山中，雲深不知處。

清明　杜牧

清明時節雨紛紛，路上行人欲斷魂。

借問酒家何處有，牧童遥指杏花村。

江南春　杜牧

千里鶯啼緑映紅，水村山郭酒旗風。
南朝四百八十寺，多少樓臺烟雨中。

蜂　羅隱

不論平地與山尖，無限風光盡被占。
采得百花成蜜後，爲誰辛苦爲誰甜。

江上漁者　範仲淹

江上往來人，但愛鱸魚美。

君看一葉舟，出没風波裏。

元日　王安石

爆竹聲中一歲除，春風送暖入屠蘇。
千門萬户曈曈日，總把新桃换舊符。

書湖陰先生壁（其一）　王安石

茅檐長掃淨無苔，花木成畦手自栽。
一水護田將緑繞，兩山排闥送青來。

六月二十七日望湖樓醉書　蘇軾

黑雲翻墨未遮山，白雨跳珠亂入船。

卷地風來忽吹散，望湖樓下水如天。

游山西村　陸游

莫笑農家臘酒渾，豐年留客足鷄豚。
山重水復疑無路，柳暗花明又一村。
簫鼓追隨春社近，衣冠簡樸古風存。
從今若許閑乘月，拄杖無時夜叩門。

賦得古原草送別　白居易

離離原上草，一歲一枯榮。
野火燒不盡，春風吹又生。

遠芳侵古道，晴翠接荒城。
又送王孫去，萋萋滿别情。

春夜喜雨　杜甫

好雨知時節，當春乃發生。
隨風潛入夜，潤物細無聲。
野徑雲俱黑，江船火獨明。
曉看紅濕處，花重錦官城。

聞官軍收河南河北　杜甫

劍外忽傳收薊北，初聞涕泪滿衣裳。

却看妻子愁何在，漫卷詩書喜欲狂。
白日放歌須縱酒，青春作伴好還鄉。
即從巴峽穿巫峽，便下襄陽向洛陽。

回鄉偶書（其一）　賀知章

少小離家老大回，鄉音無改鬢毛衰。
兒童相見不相識，笑問客從何處來。

回鄉偶書（其二）　賀知章

離別家鄉歲月多，近來人事半消磨。
惟有門前鏡湖水，春風不改舊時波。

西江月·夜行黄沙道中　辛棄疾

明月别枝驚鵲，清風半夜鳴蟬。
稻花香裏説豐年，聽取蛙聲一片。
七八個星天外，兩三點雨山前。
舊時茅店社林邊，路轉溪橋忽見。

清平樂·村居　辛棄疾

茅檐低小，溪上青青草。
醉裏吴音相媚好，白髮誰家翁媪。
大兒鋤豆溪東，中兒正織鷄籠。

最喜小兒亡賴，溪頭卧剥蓮蓬。

浣溪沙　蘇軾

游蘄水清泉寺，寺臨蘭溪，溪水西流。

山下蘭芽短浸溪，松間沙路淨無泥，

蕭蕭暮雨子規啼。

誰道人生無再少，門前流水尚能西，

休將白髮唱黄鷄。

卜算子・送鮑浩然之浙東　王觀

水是眼波横，山是眉峰聚。

欲問行人去那邊．眉眼盈盈處．
才始送春歸．又送君歸去．
若到江南趕上春．千萬和春住．

長歌行　漢樂府

青青園中葵．朝露待日晞．
陽春布德澤．萬物生光輝．
常恐秋節至．焜黃華葉衰．
百川東到海．何時復西歸．
少壯不努力．老大徒傷悲．

古朗月行 李白

小時不識月，呼作白玉盤。
又疑瑤臺鏡，飛在青雲端。
仙人垂兩足，桂樹何團團。
白兔擣藥成，問言與誰餐。
蟾蜍蝕圓影，大明夜已殘。
羿昔落九烏，天人清且安。
陰精此淪惑，去去不足觀。
憂來其如何，凄愴摧心肝。

圖書在版編目（CIP）數據

小學生必背100首古詩詞 / 北京華夏文化藝術研究院選編. —— 北京 ：文物出版社，2020.6（2021.6重印）
（華夏傳統文化經典系列）
ISBN 978-7-5010-6696-4

Ⅰ. ①小… Ⅱ. ①北… Ⅲ. ①古典詩歌－中國－小學－教學參考資料 Ⅳ. ① G624.203

中國版本圖書館CIP數據核字（2020）第089113號

華夏傳統文化經典系列：小學生必背100首古詩詞

選　　編：北京華夏文化藝術研究院

策　　劃：北京華夏文化藝術研究院
責任編輯：劉永海
責任印製：蘇　林
封面設計：石　冰　鐘尊朝

出版發行：文物出版社
地　　址：北京市東城區東直門内北小街2號樓
郵　　編：100007
網　　址：http://www.wenwu.com
經　　銷：新華書店
印　　刷：三河市華東印刷有限公司
開　　本：710mm×1000mm　1/16
印　　張：3.25
版　　次：2020年6月第1版
印　　次：2021年6月第2次印刷
書　　號：ISBN 978-7-5010-6696-4
定　　價：358.00元（全十册）